Schnell
straßen
Land
der Undinger
Rübenfelder
wosee
ddeldinger
Dawo Fluss
öl für alle

3 2 1 88 87 86

Printed in Italy
ISBN 3-473-33500-2

Eine Geschichte aus Dawoland,
da-wo-die Knuddeldinger, die Schratzeln
und die Undinger wohnen

Hilfe! Ein Monster!

Erfunden von Ali Mitgutsch
und Dirk Holger Teichmann

Otto Maier Verlag Ravensburg

Dawoland ist nicht weit von hier und überall da, wo Knuddeldinger, Schratzeln und Undinger leben.

Die Knuddeldinger knuddeln gerne und lieben den Aufenthalt in ihren schönen Gärten. Dort beobachten sie nicht nur mit den Augen, sondern auch mit ihren großen Ohren. Im Frühjahr lauschen die Knuddeldinger auf das zarte Knacken der sich öffnenden Knospen, im Sommer auf das Rauschen der wogenden Gräser, im Herbst auf das dumpfe Platschen der herabfallenden Früchte und im Winter auf das scharfe Knirschen der gefrierenden Eiszapfen. Neben den Geräuschen erfreut die Knuddeldinger das Beriechen, Befühlen und Schmecken von Gegenständen angenehmer Art. Bevor die Knuddeldinger zum Beispiel einen Pfirsich essen, riechen sie mit geschlossenen Augen, ob er schon den feinen Duft der Reife hat. Dann fahren sie sanft mit den Fingerspitzen über die samtene Oberfläche und spüren schon das pelzige Gefühl, das die Pfirsichhaut an den Zähnen verursacht. Endlich beißen die Knuddeldinger vorsichtig in das Fruchtfleisch und machen die Zunge breit, um den Geschmack voll auszukosten.

Wenn sich zwei Knuddeldinger besonders gern mögen, schenken sie sich Schmeichelsteine. Das sind glatte und wohlgeformte Steine, die sich in die Handfläche schmeicheln und zum ständigen Herumspielen in der Hand verlocken. Sonst werden die Schmeichelsteine bei festlichen

Anlässen in Beutelchen aus weichem Leder um den Hals getragen. Aus der Anzahl der Schmeichelsteine ist ersichtlich, wie beliebt ein Knuddelding ist. Für außergewöhnliche Leistungen werden Extra-Schmeichelsteine vergeben. Sehr viele Schmeichelsteine tragen der Erfindinger, der Opadinger, sein Enkel Hedu und dessen Freundin Dudi, da alle sehr findig und beliebt sind. Nur ein einziger Schmeichelstein ziert dagegen Fred Nörgler und Doktor Aufschneider. Deshalb warten beide sehnsüchtig auf weitere Schmeichelsteine!

Eine der größten Freuden der Knuddeldinger ist das Fliegen in geräuschlosen Fluggeräten. Damit schweben sie zwischen den Wipfeln der höchsten Bäume und über den üppigen Gärten. Oder sie fliegen in der gläsernen Gondel eines Zeppelins über das Land und winken ihren Freunden in der Luft und am Boden zu. An manchen Samstagnachmittagen steigt der Bäckermeister Josef Brezinger mit seinem Ballon auf und wirft leckere Krapfen und Tortenstücke an kleinen Fallschirmen über den kaffeetrinkenden Knuddeldingern ab.
Auf der Erde bewegen sich die Knuddeldinger in Elektros fort.
Die können nur in Schrittgeschwindigkeit fahren und sind rundum mit dicken Gummiwülsten gepolstert, damit bei einem Zusammenstoß nichts passiert.
Die Elektros fahren geruch- und geräuschlos dahin. Ihre Energie beziehen sie aus Batterien, die mit Sonnenlicht aufgeladen werden.

Die Freunde der Knuddeldinger leben unter der Erde und heißen Schratzeln. Sie graben nach funkelnden Steinen, mit denen sie ihre Schratzel-Diskothek ausschmücken. Jeden Freitag gehen die Schratzeln in die Disco, um nach der arbeitsreichen Woche ein rauschendes Fest zu feiern. Im strahlenden Licht der Edelsteine singen sie dann ihre uralten Schratzellieder und tanzen, daß die Erde zittert. Am liebsten essen die Schratzeln die berühmte Schratzelsuppe, deren Duft allein schon fast satt macht. Wenn die Schratzeln weiter entfernt von den heimatlichen Kochtöpfen graben, wird ihnen die wohlverdiente Suppe in Kochgeschirren von den Schratzelhunden nachgebracht. Jeden Abend zählen die Schratzeln, ob alle aus den verzweigten Gängen zurückgekehrt sind. Damit das Zählen möglichst schnell geht, hat jeder eine Nummer auf dem Helm.

Die Schratzeln halten überhaupt nichts vom Fliegen. Immer wieder weisen sie die Knuddeldinger auf die Gefahren des Fliegens hin: Ein Ur-urschratzel träumte einst nur vom Fliegen und fiel dabei aus dem Bett. Davon holte er sich eine ziemlich große Beule am Kopf. Die Schratzeln sagen natürlich mit Recht: „Wenn einer schon beim Sturz aus dem Bett eine Beule kriegt, wie sieht er dann erst bei einem Sturz vom Himmel aus?“

Viel vom Fliegen halten dagegen die Undinger, die auf der anderen Seite des Dawo-Flusses wohnen. Aber sie schaffen es einfach nicht, irgendein taugliches Fluggerät zu bauen. Dafür brausen sie mit schnellen Autos über Land. Die entsetzlich stinkenden und lärmenden Motoren werden mit Rübenöl betrieben. Die Undinger roden große Teile ihrer Salatbaum-Wälder, um genügend Platz für den Anbau der Rüben zu erhalten. Über die nun kahlen Flächen fegt manchmal ein kalter Wind, der selbst die Undinger frösteln läßt. Aber wenn sie wieder einen Motor knattern hören, vergessen sie rasch das unangenehme Gefühl. Und schon denken sie erneut darüber nach, wo sie weitere Rübenfelder und Straßen anlegen könnten!

Für gewöhnlich leben Knuddeldinger, Schratzeln und Undinger in Dawoland friedlich zusammen. Das ist nicht weiter verwunderlich, da jeder für sich haust.

Diesmal passiert aber etwas bei den Undingern, das die Knuddeldinger wirklich erschreckt…

Heute ist ein warmer Sommertag in Dawoland. Die Knuddeldinger ziehen sich zu einem geruhsamen Nachmittag in ihre stillen Gärten zurück. Auch der Opadinger strebt vergnügt zu seinem Lieblingsplatz. Er klettert über die kleine Treppe in die Hängematte. Schnell bindet er noch seinen Bart an einem Ast fest, damit es ihm unter dem dichten Pelz nicht zu heiß wird.

Wohlig brummend liegt er in der Hängematte unter den schattigen Schirmbäumen. Der feine Blütenduft der vielen Rosenbüsche umschmeichelt ihn angenehm: der herbe der gelben Rosen, der süße Duft der rosafarbenen und der schwere der dunkelroten.

Der Opadinger seufzt vor Wohlbehagen. Einen schöneren Platz kann es im ganzen weiten Dawoland nicht geben!

Hedu schnorchelt indessen fröhlich in seinem kleinen Planschbecken. Ab und zu taucht er prustend auf, um gleich wieder blubbernd zu verschwinden.

In dieses beschauliche Leben stürmt plötzlich Dudi. „He, ihr zwei", ruft sie, wie immer ein wenig atemlos, „ich muß euch was erzählen!" Hedu springt sofort aus dem Becken, als er seine Freundin hört. Dudi sprudelt los: „Stellt euch vor, dahinten, ein Riesentier, bei den Undingern drüben. Oder eine Maschine. Oder beides, ganz schrecklich… Ich will zum Aussichtsturm, um diese verrückte Sache anzuschaun. Kommt ihr mit?"

„Klar", sagt Hedu begeistert. Der Opadinger mag seine bequeme Hängematte nicht so überstürzt verlassen. „Fahrt schon voraus", brummt er, „ich bleib noch für ein Nickerchen hier. Dann bring' ich den Erfindinger mit, der sieht so seltsame Sachen auch gerne."

Der Opadinger sucht sich für seinen Schlummer ein passendes Traumkissen. Die Traumkissen der Knuddeldinger verschaffen nämlich die herrlichsten Träume. Man braucht nur seinen Kopf darauf zu legen – und schon gleitet man im Traum in die Bilder, die auf die Kissen gestickt sind.

„Ich nehme", überlegt der Opadinger, „das Traumkissen mit den Eisbergen. Das wird mich abkühlen." Bald schlummert er und lächelt im Traum wie ein zufriedener Eisbär.

Hedu und Dudi rollen längst in ihrem Elektro zum Aussichtsturm. Leise summend fährt das Elektro in der üblichen Schrittgeschwindigkeit dahin. Dudi turnt auf dem Sitz herum und pflückt während der Fahrt reife Kirschen.

Für den Rest der Strecke übernimmt Dudi das Steuer. Mit gekonntem Schwung lenkt sie durch die Kurve zum Aussichtsturm und parkt. „Dudi, hör doch", sagt Hedu, „die Windmusik!" Er deutet zum Turm hinauf. Von dort wehen silberhelle Töne ins Land hinaus. Der Wind stößt die Tonbleche, Klangröhren und Triangel, die am Turm hängen, sanft aneinander und bringt sie zum Klingen.

„Komm!" ruft Dudi, „wir wollen doch zu den Undingern rüberschauen." Eilig klettern beide die Leiter empor. Doch selbst mit den Ferngläsern können sie nichts Ungewöhnliches entdecken. Deshalb machen sie ein wenig Musik. Mit kleinen Holzschlegeln klopfen sie an die Klangröhren und Bleche. Sie musizieren mit dem Wind um die Wette, bis eine zarte Klangwolke den Turm umhüllt. Dann singt Dudi: „Es war einmal ein kleines Knuddel-muddel-ding-dong-ding..." Ohne Pause trällert sie die sechzehn Strophen. Und dann schmettern sie zusammen: „Kopfsalat und Himbeersaft geben auch den Kleinsten Kraft!", und sie vergessen vollkommen das Ungetüm bei den Undingern.

Erst die Ankunft von Opadinger und Erfindinger erinnert sie wieder daran. Und wer eilt noch herbei? Der forsche Doktor Aufschneider und der pomadige Fred Nörgler! Und jetzt dringt auch ein fernes Dröhnen und Knirschen von den Undingern herüber. Schwarzer Qualm steigt auf, mittendrin blitzt es unheilvoll.

Das bißchen Rauchen und Knattern! Aber meine lieben – äh – Freunde, dafür verläßt man doch seine gemütliche Hängematte nicht!“ Doktor Aufschneider ist etwas ungehalten,

daß ihn kein Abenteuer erwartet: „Das liest man morgen in der – äh – Zeitung noch früh genug!“ Und Fred Nörgler mault: „Ich hab’s ja gleich gesagt, es ist wieder nix los!“ „Das nennst du nichts los?“ fragt der Erfindinger und deutet zu den Undingern hinüber.

Dort ist inzwischen eine riesige Maschine zu sehen. Sie kriecht inmitten von mächtigen Staub- und Rauchwolken langsam voran. Ihre blitzenden Stahlzähne fressen Gräser, Blumen,

Büsche und Steine weg. Alles wandert in ein ungeheures Maul. Aus dem Hinterteil quillt Teer, der als grauer Teppich auf den Boden gewalzt wird. Zwei Stahlhände rammen im Takt Straßenpfosten ein. Eine dritte Hand pinselt pingelig die Mittelstriche auf die neue Straße.

Die Maschine verursacht ein gewaltiges Getöse. Die Laufketten rasseln, der Motor dröhnt, der Auspuff knallt, die Pfosten krachen, und der Pinsel schmatzt.

Im Führerstand der heftig rüttelnden Maschine steht ein breitschultriger Undinger hinter dem Lenkrad. Lässig läßt er einen Arm aus dem Fenster hängen. Gelegentlich legt er seinen Kopf in den Nacken und nuckelt an einer

Getränkedose. Die leere Dose wirft er einfach vor die Maschine, die sie wie alles andere verschlingt. Die Kraft der Maschine ist erschreckend. Schnurgerade baut sie ihre Straße, über alle Hindernisse hinweg. Nichts scheint sie aufhalten zu können.

Hinter ihr fährt in kurzem Abstand der Bürgermeister der Undinger. Er trägt seinen schönsten Zylinder und seine beste Schärpe. Durch ein Sprachrohr brüllt er pausenlos zu dem Maschinisten hinauf: „Weiter so!“ oder: „Richtung halten!“ Natürlich kann der Maschinist bei dem Lärm nichts verstehen. Der Bürgermeister will auch nur zeigen, wer hier der Chef ist. Wie immer begleitet das Fernsehen den Bürgermeister. So können die Undinger zu Hause ihr Oberhaupt in Bild und Ton bewundern.

Mit gleichmäßiger Geschwindigkeit ziehen sie dahin: die lärmende Maschine, der fuchtelnde Bürgermeister und der gelangweilte Kameramann auf dem Fernsehwagen.

Doch was ist jetzt los?
Mit einem Ruck bleibt die Maschine stehen! Der Maschinist verliert das Gleichgewicht und fällt gegen die Windschutzscheibe. Halb betäubt sinkt er auf das Steuerrad. Der Fahrer des Bürgermeisters bremst so scharf, daß der Bürgermeister Sprachrohr und Zylinder verliert. Das Mikrofon pendelt in wilden Schwüngen über ihm. Vor Ärger kriegt der Bürgermeister knallgrüne Ohren. „Sofort abschalten!" brüllt er den Kameramann an. Dann kriecht er unter sein Auto, um nach Zylinder und Sprachrohr zu suchen. Ohne sie fühlt er sich immer so hilflos.

Plötzlich verstärkt sich der Maschinenlärm wieder.
Die Maschine dreht sich halb um ihre Achse und fährt los! Das Steuerrad bewegt sich von selbst. Verwirrt blickt der Maschinist auf. Zu seinem Schrecken rollt die Maschine vom Flußufer weg auf ein Wäldchen zu. „Na warte", knurrt der Maschinist. Wütend umklammert er das Steuerrad mit seinen gewaltigen Pranken. Er verkeilt seine Beine und stemmt sich gegen das Rad.
Er schnauft schwer. Die Adern an seiner Stirn treten hervor. Er hängt sich mit seinem massigen Körper an die Speichen, aber umsonst! Das Steuerrad läßt sich nicht mehr bewegen.

„Mist!" schreit der Maschinist, „Mist, Mist!" Vielleicht weiß der Chef einen Ausweg? Hilfesuchend dreht er sich nach dem Bürgermeister um.

Der läuft schreiend hinter der Maschine her und wiederholt immer wieder die gleiche Handbewegung. „Häh?" wundert sich der Maschinist. „Ach so, freilich, die Notbremse!" Der Maschinist greift erleichtert nach dem feuerroten Hebel. „Nun wirst du aber schön anhalten", sagt er zu der Maschine und reißt mit aller Kraft am Hebel.

Aber der bricht einfach ab! Noch während der Maschinist ihn ratlos anstarrt, tastet sich eine Stahlhand in das Führerhaus. Sie packt den Maschinisten beim Kragen und zieht ihn mit einem Schwung heraus.

Die Hand schwenkt ihn herum und läßt ihn knapp über der Straße baumeln. Die Finger öffnen sich. Der Maschinist fällt auf die Straße. Da wischt ihm auch noch die Hand mit dem triefenden Farbpinsel übers Gesicht. Einmal von links – schlopff! – und einmal von rechts – schlopff! Das hält der stärkste Undinger nicht aus! Beleidigt bleibt er am Boden hocken. Die Farbe läuft nur so an ihm herunter.

Zu allem Überfluß schnauzt ihn der Bürgermeister an: „Warum hast du die Maschine nicht gestoppt? Muß man denn immer alles selber machen?“ Der Maschinist hockt da wie ein Häufchen Elend. Doch der Bürgermeister kann sich nicht länger mit ihm beschäftigen. Er muß handeln!

Fahrer! Mein Auto quer vor die Maschine!“ „Jawohl, Chef!“
Der Fahrer überholt die langsame Maschine. Er stellt sich ihr in einiger Entfernung in den Weg. Liebevoll tätschelt er den Geländewagen und denkt: „Dreifach gehärtetes Undingerblech stoppt auch diese Ratterkiste!“ Gelassen lehnt er sich zurück und erwartet das Monster.

Das Monster rückt näher und näher mit seinem gefährlich klappernden Riesenmaul. Die Stahlzähne blinken tückisch.

Dem Fahrer wird es mulmig. Er rutscht unbehaglich auf seinem Sitz hin und her. Aus dem geöffneten Maul der Maschine schlägt ihm heißer, stinkender Dunst entgegen. Der Fahrer kann bis in das Innere der Maschine sehen. Zahnräder mit entsetzlich scharfen Kanten zermalmen alles.

Beim nächsten Biß wird es kritisch. Das Maul öffnet sich noch weiter. Die Zähne schlagen in das Auto – und reißen mühelos einen gewaltigen Happen heraus! „Neiiin!" schreit der Fahrer und springt in letzter Minute ab. Er kann nur noch seinen roten Schirm retten. Den Rest des Autos frißt die Maschine samt Sitzen, Reifen und Reservekanister. Mit schauerlichem Kreischen wandern die sperrigen Teile durch den Riesenleib.

Schließlich wird es leiser. Ein fast zufriedenes Rülpsen dringt aus dem Bauch der Maschine. Mit etwas Geratter wirft sie ein rauchendes Blechpaket auf die Straße. Obendrauf liegen die Schilder mit dem Kennzeichen UN-1! „Mein Dienstwagen", stöhnt der Bürgermeister. Vor Schreck geht ihm der Zylinder hoch. „Das ist, das ist ja Sachbeschädigung!" jammert er verstört, „anhalten, im Namen des Gesetzes, sofort anhalten!"

Die Maschine rattert unbekümmert weiter, jetzt auf die Schirmbäume zu. Sie stößt schwarze Rauchwölkchen aus, rammt Pfosten ein und pinselt klatschend die Mittelstriche. Hilflos müssen die Undinger zusehen, wie sie mitten in das Wäldchen bricht. Sie verschlingt die Bäume in einem Stück mit Krone, Stamm und Wurzeln, oder sie frißt nur einen Teil und vertilgt beim nächsten Vorbeifahren den Rest.

UN-1

Sie frißt das Wäldchen bis auf den letzten Baum auf. In panischer Angst jagen die Tiere des Waldes umher. Ihr Zuhause ist im Bauch der Maschine verschwunden. Statt dessen windet sich ein Straßenknäuel wie bei einer Autobahnkreuzung durch die Landschaft. Die Undinger und ihr Bürgermeister bleiben erstarrt stehen. Sie mögen ja Straßen von Herzen gern, aber das hier ist Wahnsinn!

Die Maschine rollt in gemessenem Tempo davon. Sie hält schnurstracks auf eines der schmucklosen Klotzhäuser der Undinger zu. Aus einem blankgeputzten Fenster schaut eine Undingerfrau heraus. Sie stützt sich mit den Armen auf ein frisch gewaschenes, blau-weißes Kissen und betrachtet interessiert die herandampfende Maschine. Die Undinger mögen nun einmal solche Ungetüme, besonders wenn sie schön lärmen und kräftig qualmen. Ein bißchen wundert sich die Undingerfrau schon, daß die Maschine so direkt auf ihr Haus zufährt. Dann erkennt sie die neue Straße hinter der Maschine. „Juhu", ruft sie begeistert, „endlich kommt die Zufahrtsstraße!"

Die Straße führt aber nicht nur bis an das Grundstück heran. Die Maschine baut sie vielmehr auch noch über den gepflegten Rasen des Vorgartens auf das Haus zu. „Halt! Halt!" schreit die Undingerfrau. Wütend schlägt sie mit ihrem Kissen auf die Maschine ein. Eine Stahlhand reißt es ihr aus der Hand und nagelt es auf den

Boden. Außer sich vor Zorn greift die Frau nach ihrem größten Besen. Sie stürmt los, um den Bürgermeister zu suchen. Die Maschine bricht indessen erst ins Haus und frißt sich dann durch das Haus hindurch.

Mit offenem Mund starren die Knuddeldinger vom Aussichtsturm hinüber zu den Undingern. „Das darf doch nicht wahr sein", sagt Dudi, „eine Maschine, die Landschaft, Autos und Häuser frißt!" „Diese dummen Undinger", brummt der Opadinger, „geschieht ihnen ganz recht!" Der Erfindinger ist käsebleich geworden und gesteht sehr unglücklich: „Freunde, diese Maschine… diese Maschine habe ich entworfen!"

Die Knuddeldinger trauen ihren Ohren nicht. Sie rufen durcheinander: „Laß gefälligst deine Witze! Du würdest dir nie ein solches Monster ausdenken!"

Doch der Erfindinger schüttelt betrübt den Kopf: „Ich war es wirklich… Am besten erzähle ich euch die ganze Geschichte: Vor vielen, vielen Jahren wollten auch wir Knuddeldinger geteerte Straßen bauen. Damals entwickelte ich den Plan für eine Baumaschine. Wir merkten aber rechtzeitig, daß die Straßen unsere schöne Natur zerstören. Also haben wir keine gebaut. Mein Plan war aber so genial ausgetüftelt, daß ich ihn einfach nicht wegwerfen mochte. Ich versteckte ihn in meiner Werkstatt. Neulich kommt doch überraschend der Undinger-Bürgermeister zu mir. Er wischt sich den Schweiß von der Stirn und sagt: ‚Erfindinger, du mußt

mir helfen. Die Undinger erwarten von mir neue Straßen. Mach mir einen Plan für eine Super-Staßenbaumaschine.'
‚Verehrter Herr Bürgermeister', sage ich darauf, ‚in dieser Schublade liegt ein fertiger Plan. Den rücke ich aber nie heraus. Erstens habt ihr Undinger genug Straßen, und zweitens kann meine Maschine gefährlich werden, sie kann sich nämlich selbständig machen. Niemand kann sie dann stoppen.' Dummerweise klingelt in diesem Augenblick der Briefträger. Und ich gehe aus dem Raum. Schon wenig später verabschiedet sich auch der Bürgermeister. Wieso hinkt der so komisch? denke ich mir noch. Heute weiß ich, daß er den Plan der Maschine klammheimlich um sein Bein gerollt hatte!"

Der kann was erleben, wenn ich ihn treffe", brummt der Opadinger drohend. Doktor Aufschneider beschwichtigt ihn: „Ach, meine lieben – äh – Freunde, die Maschine tobt ja bei den Undingern herum! Uns betrifft die Angelegenheit ja eigentlich nicht!"

Für einen Augenblick beruhigen sich alle und betrachten zufrieden ihre Heimat. Sie sehen herrliche Gärten, blühende Wiesen und stattliche Wälder, dazwischen die gemütlichen Wohnkisten an schmalen Wegen. Keine breiten Straßen, keine lärmenden, stinkenden Rübenmotoren, keine furchtbare Maschine! Nur leise Klänge und würzige Düfte!

Doch bei den Undingern tut sich wieder etwas. Hinter einem Hügel steigen Qualmwolken auf. Ein dumpfes Dröhnen nähert sich und wird stärker. Die Maschine wälzt sich auf das Flußufer zu. „Wo will sie nur hin?" fragt Hedu beunruhigt. Die Knuddeldinger rücken unwillkürlich enger zusammen. Sie blicken entsetzt auf das Monster. Es fährt langsam über die Uferkante hinaus, hängt einen Moment zur Hälfte über dem Wasser und platscht dann in den Dawo-Fluß. Dichte Dampfschwaden vernebeln die heiße Maschine. Vielleicht säuft sie ab? Aber nein, zielstrebig frißt sie sich das Ufer bei den Knuddeldingern hinauf! Und zwar verflixt nahe beim Aussichtsturm!

Doktor Aufschneider flüstert zitternd: „Ich ziehe mich ein wenig – äh – zurück", und huscht hinter den breiten Rücken des Opadingers. Der hält sich mit beiden Händen an seinem eigenen Bart fest. Fred Nörgler möchte zu gerne: „Ich hab's ja gleich gesagt" knurren, aber er kann nur stumm die Lippen bewegen. Der Erfindinger stammelt: „Daß sie das schafft! Daß sie das schafft!" Die Maschine reißt mit ihren Ketten tiefe Furchen in den weichen Boden, dann wendet sie sich wieder zum Fluß, wühlt sich hinunter, verschwindet kurz in ihren Dampfwolken und stemmt sich bei den Undingern das Ufer hinauf.

Pchch – die Knuddeldinger atmen erst mal tief durch. „Wir müssen irgend etwas tun", verlangt Dudi entschlossen: „Erfindinger, du mußt doch wissen, wie wir das Monster stoppen können!" Der Erfindinger seufzt und schüttelt den Kopf: „Ich habe keine Ahnung. Die Maschine wandelt alles um: aus den Bäumen macht sie Pfosten, aus den Steinen Teer, aus Blättern und Gräsern macht sie Treibstoff und Öl!"

Ich hab's ja gleich gesagt", nörgelt Fred, „die frißt uns noch die Haare vom Kopf und macht Straßen daraus!" Der Erfindinger nickt: „Wenn die Maschine bei den Undingern alles abgefressen hat, dann sind wohl wir an der Reihe."

Er hat nur zu sehr recht: Schon erscheint die Maschine wieder am Ufer, plumpst in den Fluß, und stampft bei den Knuddeldingern an Land. Sie fährt auf den Wald aus Paradiessalatbäumen zu. Wie ein Tiger seine Fangzähne in die Beute schlägt, so beißt die Maschine in die zarten Salatbäume. Erschreckt flattern die Salatgänse auf. Wieder verschlingt die Maschine einen Baum nach dem anderen. Bei jedem Baum stöhnen die Knuddeldinger: „Haltet sie auf, stoppt sie!"

Das Krachen der brechenden Stämme geht ihnen durch Mark und Bein.
Die Paradiessalatbäume sind die Lieblingsbäume der Knuddeldinger, denn von ihnen holen sie sich die knackigen Salatblätter.

Ich halte das nicht mehr aus!" jammert der Opadinger und hält sich Ohren und Augen zu. Hedu und Dudi stehen wie versteinert. Wie oft waren sie schon am Flußufer im Salatbaumwald, haben dort gespielt und gesungen! Und der Opadinger und der Erfindinger erzählten ihnen beim Blätterpflücken von ihren abenteuerlichen Reisen!

Jetzt bedeckt ein grauer Teerteppich den schönen Platz. Nur einige verstreute Blätter erinnern noch an früher.

Unaufhaltbar nähert sich die Maschine nach vollbrachter Tat dem Fluß und verschwindet bei den Undingern.

Bestürzt und traurig bleiben die Knuddeldinger zurück. Der ölige Gestank des frischen Straßenbelags steigt zu ihnen auf. Als Doktor Aufschneider die Maschine nicht mehr sehen kann, stößt er mutig hervor: „Dir werden wir dein großes Maul stopfen!" und ballt wild die Fäuste. Auch die anderen Knuddeldinger werden richtig zornig. Ihr Zorn steigert sich noch, als die verschreckten Salatgänse herbeiflattern und vergeblich ihr Wäldchen suchen.

Fieberhaft überlegen die Knuddeldinger, wie sie die Maschine aufhalten könnten. Der Erfindinger versucht eine schwache Stelle der Maschine zu berechnen. In rasender Eile schreibt er endlose Zahlenreihen auf und zählt sie zusammen. Aber über die Ergebnisse runzelt er nur hoffnungslos die Stirn.

Der Opadinger schaut finster drein und rauft seinen Bart. Fred Nörgler grummelt pausenlos: „Ich hab's ja gleich…" und vergißt vor Zorn, was er eigentlich sagen wollte. Doktor Aufschneider klatscht in die Hände: „Ich bitte um eure geschätzte – äh – Aufmerksamkeit! Ich weiß, wie wir das Monster unschädlich machen können! Unsere Freunde, die Schratzeln, graben eine Grube, wir tarnen sie mit Ästen, die Maschine fährt drüber und – kratsch – stürzt sie hinein, und wir sind alle – äh – Sorgen los!"

„Wie sollen die Schratzeln so schnell eine riesige Grube graben? Und wie schaffen wir es, daß die Maschine darüber fährt?" Der Erfindinger schüttelt den Kopf. Es ist zum Verzweifeln. Jeden Augenblick kann das Monster wieder erscheinen und neues Unheil anrichten. Die Angst der Knuddeldinger heizt ihre Fantasie mächtig an. Furchtbare Schreckensbilder steigen vor ihnen auf: Der Erfindinger sieht seine geliebte Werkstatt samt Geräten von der Maschine aufgefressen. Der Opadinger bangt um seine Hängematte unter den Schirmbäumen.

Hedu hört schon seine behagliche Wohnkiste zwischen den Stahlzähnen zersplittern… Nein, soweit darf es nicht kommen! Aufgeregt tuschelt er mit Dudi und hebt die Hand: „Wir wissen, warum sich die Maschine selbständig gemacht hat." „Jawohl", sagt Dudi und deutet zu den Undingern hinüber, „sie wollte die Schirmbäume fressen!" „Wir haben auch einen Plan", meint Hedu. „Die Maschine muß in etwas beißen, was für ihre Zähne zu hart ist. Ihr kennt alle die Granitfelsen am Fluß. Wir müssen das Monster dorthin locken. Wir verkleiden die Felsen mit Kulissen von leckeren Schirmbäumchen. Die Maschine beißt voll Freude hinein – und beißt auf Granit! Wenn Granitbrocken in ihr Mahlwerk geraten, zerstört sie sich selbst!"

Hedu und Dudi haben vor Aufregung ganz rote Ohren und blicken erwartungsvoll auf die anderen. Der Erfindinger begreift am schnellsten: „Ein erstklassiger Einfall! Der Granit macht die Maschine kaputt! Aber nur, wenn sie hineinbeißt!" „Dafür laß nur mich sorgen, mein – äh – Lieber", sagt Doktor Aufschneider begeistert, „als Künstler, der ich ja auch bin, male ich euch Kulissen, die echter als echte Bäume sind! Sozusagen zum – äh – Reinbeißen echt!"

„Na schön", sagt der Erfindinger, „wir glauben dir und besorgen dir das Material, nämlich Stoff, Draht, Farbe, Pinsel,

Hammer, Zange, Nägel..." Während er noch aufzählt, springt er schon auf die Rutschbahn. Die anderen sausen hinterher. Doktor Aufschneider reibt sich vergnügt die Hände: „Die Sache riecht mir nach – äh – Abenteuer!"

Die Knuddeldinger eilen zu ihren Wohnkisten, raffen das nötige Material zusammen und fahren – so schnell es die Elektros erlauben – zum Granitfelsen.

Der Erfindinger zeichnet den Plan der Kulissen auf ein Blatt Papier und befestigt es am Felsen. Hedu und Dudi schneiden die Stoffbahnen zu und kleben sie aneinander. Fred Nörgler sägt die Latten für das Gerüst, und der Opadinger schlägt die Haltepflöcke ein. Der Erfindinger runzelt beim Rechnen die Stirn und murmelt: „Wir nehmen nach oben 16,8 und in der Breite 7 Komma – hmm – wieviel, – hmm – 2 oder doch mehr…“

Endlich sind die Latten für das Gerüst zusammengenagelt und die Stoffbahnen darauf befestigt. Aber als Hedu die grüne Farbe aufträgt, gibt es eine böse Überraschung: „Auf das lahme Grün fällt selbst die dümmste Maschine nicht herein!“ stöhnt Dudi. Aufgeregt rätseln die Knuddeldinger, warum die Farbe in den Töpfen so saftig und auf den Kulissen so matt wirkt.

„Wenn uns nicht schnell etwas einfällt, war alles umsonst“, sagt Hedu unglücklich.

Haben wir Sorgen, meine – äh – Freunde?“ tönt Doktor Aufschneiders Stimme hinter ihnen. Er hat sich verspätet und erscheint nun im wehenden, verkleckstem Künstlermantel. „Wir müssen die Kulissen nur mit weißer Farbe vorstreichen, denn nur auf – äh – weißem Grund werden die Farben wirklich bunt und leuchtend. Ich werde es euch vorführen!“

Er malt mit einem breiten, weichen Pinsel den Stoff weiß an. Der warme Wind trocknet die Farbe rasch. Dudi trägt das Grün auf, und – schon steht ein frischer Schirmbaum da!

Angefeuert von den Knuddeldingern streicht Doktor Aufschneider die zweite Kulisse an. Doch plötzlich ist der grüne Farbtopf leer. Was nun? Große Verwirrung! Doch Doktor Aufschneider weiß wieder Rat.

Wir verfügen noch über gelbe und blaue Farbe! Ich werde euch ein wunderbares Grün mischen!“ Und tatsächlich! Gelb und Blau ergeben ein wunderbares Grün. „Gut gemacht, Aufschneider“, ruft Dudi, „das sind Schirmbäume erster Güte!“ Doktor Aufschneider freut sich sehr. Bescheiden wehrt er das Lob ab: „Nun, das war doch eine – äh – liebe Dudi – äh – eine Kleinigkeit.“

Ausgelassen toben die Knuddeldinger um die künstlichen Schirmbäume herum. Sogar Fred Nörgler lächelt, als er sich unbeobachtet glaubt. Nur der Opadinger spitzt argwöhnisch die Ohren. Einer muß ja aufpassen. „Achtung, ich höre sie!“ unterbricht er die allgemeine Fröhlichkeit. Das Dröhnen schwillt rasch an. „Schnell, schnell, räumt alles Verdächtige weg!“ Hastig werfen die Knuddeldinger Werkzeug, Farbtöpfe, Latten und Stoffreste hinter den Felsen. „Versteckt euch!“ Mit klopfenden Herzen kauern sich die Knuddeldinger zusammen. Sie trauen sich kaum mehr zu schnaufen.

Der Boden bebt. Da ist das Ungetüm! Aus der Nähe erscheint es den kleinen Knuddeldingern noch entsetzlicher. Der Lärm betäubt die Ohren, der Gestank die Nasen. Die Maschine rasselt mächtig auf die Knuddeldinger zu. Alle starren wie gebannt, als sie in eine Bodenmulde einfährt. „Dudi, die kann unsere Bäume gar nicht sehen!“ Hedu erschrickt. Wirklich – die Maschine setzt zu einer Schleife an. Da wackelt einer der künstlichen Bäume heftig.

Erstaunt sehen die Knuddeldinger, wie Fred Nörgler an den Kulissen zerrt und knurrt: „Ich hab’s doch gleich gesagt, die stehen nicht gerade!“ „Nörgler, komm sofort her!“ schreit Doktor Aufschneider voller Angst. Doch sein Freund rückt den Kunstbaum weiter hin und her.

Die Maschine ändert ihre Richtung und wendet sich den Kulissen zu.
Doktor Aufschneider hält es in seinem Versteck nicht mehr aus. Mit ausgebreiteten Armen rennt er der Maschine entgegen. „Laß meinen Freund in Ruhe!“ brüllt er sie an. Zu seinem Unglück verwickelt er sich in dem langen Künstlermantel. Er stolpert und schlägt der Länge nach hin. „Äh – verdammtes – äh – Mißgeschick!“ Die knirschenden Stahlzähne nähern sich ihm bedrohlich. Kurz bevor sie ihn zu einem Stück Straße verarbeiten können, wird er von Hedu weggerissen. Beide sehen erleichtert, wie sich auch Fred Nörgler in Sicherheit bringt. „Mein lieber Hedu, für diese wackere Tat…“ Doktor Aufschneiders Dank wird von einem lauten „ARRGH“ der Maschine übertönt.

Sie reißt ihr Riesenmaul weit auf und beißt mit aller Kraft in die Kulissen. Die Stahlzähne fahren durch die Latten und den Stoff bis auf den Granit. Ein Dutzend Zähne brechen krachend heraus. Die übrigen beißen einige Felsbrocken ab. Sie wandern kreischend durch den Eisenleib.

Aus der Maschine fliegen Zahnräder, Schrauben und Rohre. Die Laufketten wühlen sich tief in den Boden. Sie rammen die Maschine immer wieder gegen den Felsen. Die Stahlarme schleudern Pfosten in die Luft. Explosionen erschüttern die Maschine. Flammen züngeln heraus.

Noch einmal bäumt sich die Maschine auf. Dann regt sie sich nicht mehr. Aus allen Öffnungen dringt Rauch.

Benommen nähern sich die Knuddeldinger dem glühenden Wrack. Flüsternd fragt Dudi: „Ist das Monster wirklich kaputt?“ Der Erfindinger wischt sich den Schweiß von der Stirn und sagt laut: „Ja. Mahlwerk und Motor sind zerstört. Dieses Ungeheuer frißt keine Bäume mehr!“
In diesem Augenblick stößt die Maschine eine gewaltige Qualmwolke aus. Entsetzt springen die Knuddeldinger zurück. Mit schauerlichem Klirren bricht das Monster in zwei Teile.

Och, och, och", brummt der Opadinger erleichtert und umarmt Fred Nörgler und Doktor Aufschneider: „Ohne euch wären wir mit dem Monster nie fertig geworden." Vor Verlegenheit findet Doktor Aufschneider zum ersten Mal keine passenden Worte. Nur Fred Nörgler murmelt wie gewohnt: „Ich hab's ja gleich gesagt!"

Am anderen Ufer des Dawo-Flusses versammeln sich die Undinger. Verblüfft betrachten sie das riesige Wrack und die kleinen Knuddeldinger.
Wie haben die das nur geschafft?
Der Opadinger ruft zu den Undingern hinüber: „Kommt mal zur Brücke, dann bereden wir die Sache!"
Den Bürgermeister plagt das

schlechte Gewissen. Schließlich hatte er den Plan geklaut! Auch die anderen Undinger machen sich auf Vorwürfe gefaßt. Sie mögen es gar nicht, wenn sie von den Knuddeldingern bei einer Dummheit ertappt werden. „Wir werfen die Kleinen einfach ins Wasser, dann brauchen wir nicht lange zu reden", denkt so mancher Undinger.

Der Opadinger errät die schlimmen Gedanken. Er reicht dem Bürgermeister freundlich die Hand und brummt: „Das ist gerade noch gut ausgegangen! Wir können alle froh darüber sein!" Die Undinger trauen ihren Ohren nicht. Keine Vorwürfe, kein Schimpfen? Diese Knuddeldinger verhalten sich überraschend großzügig! Die finsteren Mienen der Undinger hellen sich auf.

Der Bürgermeister räuspert sich: „Hmmmh, Hmmmh, ihr habt uns prima geholfen. Wir danken euch." Die Undinger nicken. „Natürlich beseitigen wir

sofort die Straße, die bei euch gebaut wurde. Unser Riesenbagger macht sie ruck-zuck weg." Der Bürgermeister und seine Undinger strahlen. Begeistert denken sie an ihren Riesenbagger.
Die Knuddeldinger werden blaß. Bloß keine Riesenmaschine mehr! Der Opadinger stottert: „Och, och, das bißchen Straße stört uns nicht!" Dudi hat die rettende Idee: „Laßt uns zusammen ein Fest feiern! Auf der Straße können wir tanzen und um die Wette fahren!"
„Ein Hindernisrennen, ein Hindernisrennen", jubeln die Undinger. „Morgen?" fragt Dudi, „seid ihr einverstanden?" Na, und ob die Undinger einverstanden sind! „Aber eure Autos und Motorräder müßt ihr zu Hause lassen. Wir fahren nur mit unseren Elektros", sagt Dudi noch.

Die Undinger eilen heim, um ausgiebig für das Rennen zu üben. Die Knuddeldinger eilen zum Bäckermeister Brezinger,

der eine gewaltige Torte backen soll. Beim Wrack der Maschine begegnen sie einigen Schratzeln. Die betrachten verstört die Überreste des Monsters: „Was ist denn hier passiert?"
„Ja, habt ihr den geschlafen? Um ein Haar wäre Dawoland aufgefressen worden!" Und Hedu und Dudi erzählen die ganze Geschichte.
Die Schratzeln sind beeindruckt: „Wir haben die ganze Nacht gesungen und getanzt und müssen das alles verschlafen haben. Aber bei dem Fest morgen sind wir dabei und machen die Schiedsrichter!"

Am Festtag schmücken Dudi, Hedu und Doktor Aufschneider den Festplatz mit bunten Bändern, Lampions und Blumen. Sie stecken eine Tanzfläche

ab und bauen eine Bühne für die Musiker. Der Erfindinger bastelt eine Pommesfrites-Maschine, die Kartoffeln schält, schnitzelt und sie knusprig gebraten ausspuckt.

Als alles bereit ist, kommen die Undinger mit ihrer Kapelle anmarschiert. Sie schmettert weithin schallend die Lieblingslieder der Undinger: „Undinger sein, das ist fein" und „Rasen, stinken, rauchen, ist alles was wir brauchen."
Der Bürgermeister steigt auf die Bühne und hält eine ergreifende Dankesrede. Zum Schluß sagt er: „Und nun möchte ich zwei Knuddeldinger auszeichnen, ohne die wir heute nicht feiern könnten!"

Alle raunen erwartungsvoll, während der Bürgermeister umständlich eine Urkunde entrollt. Hedu und Dudi blinzeln sich geschmeichelt zu.
Aber der Bürgermeister verkündet: „Doktor Aufschneider und Fred Nörgler werden hiermit zu Ehren-Undingern ernannt!“
„Bravo, hoch, hoch!“ rufen Undinger, Schratzeln und Knuddeldinger. „Das habt ihr wirklich verdient“, gratuliert Hedu den beiden. „Wie meinst du das?“ fragt Fred Nörgler mißtrauisch.

Aber die Undinger können
nicht mehr länger warten.
Sie stürzen zum Geschicklichkeitsfahren und quetschen sich

Doch Hedu und Dudi überreichen ihm und Doktor Aufschneider zwei besonders schöne Schmeichelsteine. Überglücklich fallen sich die Beschenkten in die Arme. Doktor Aufschneider holt tief Luft für eine längere Ansprache.

in die viel zu kleinen Elektros.
Die Knuddeldinger staunen, wie geschickt und schnell die Undinger zwischen den Hindernissen herumkurven. So wundert es niemanden, daß die Schratzeln einen Undinger zum Sieger erklären.

Nach der Siegerehrung wird heftig getanzt. Selbst Fred Nörgler, der murrt: „Ach was, alberne Tanzerei", wird von einer Undinger-Dame auf die Tanzfläche gezogen. Doktor Aufschneider ist dagegen ganz in seinem Element und führt einen Reigentanz an, wozu er die zierlichsten Anweisungen gibt.

Spät in der Nacht, als alles aufgegessen ist und die Kerzen in den Lampions langsam verlöschen und alle zum Aufbruch rüsten, haben die Knuddeldinger noch einen Einfall: „Wir könnten jedes Jahr am Monster-Wrack feiern!" Die Undinger sind begeistert und versprechen: „Im nächsten Jahr bringen wir aber eine doppelt so laute Musik mit."

Die Knuddeldinger schauen sich betreten an und denken: „Es ist gar nicht so leicht, Freunde zu haben!"